LA RÉPUBLIQUE

EST-ELLE AU-DESSUS DU

SUFFRAGE UNIVERSEL?

Lettre au Rédacteur de l'Opinion nationale

PAR

C. PAJOT

PROFESSEUR A L'ÉCOLE DE MÉDECINE DE PARIS.

PARIS

CHEZ TOUS LES LIBRAIRES

—

1871

Quelques jours avant la tentative d'enlèvement des canons de Montmartre, le mercredi soir, 15 mars 1871, parut dans l'*Opinion Nationale* une déclaration de plusieurs chefs de bataillons, ainsi conçue :

DÉCLARATION.

Le principe républicain étant au-dessus de toute discussion;

Le gouvernement républicain étant le gouvernement du peuple par le peuple,

Chaque citoyen a non-seulement le droit, mais encore le devoir de défendre les institutions républicaines;

En conséquence,

Les chefs de bataillon soussignés déclarent qu'ils sont fermement décidés à défendre la République par tous les moyens possibles envers et contre tous ceux qui oseraient l'attaquer, et qu'ils protestent et s'opposeront par les mêmes moyens à toute tentative de désarmement total ou partiel de la garde nationale.

(Suivent les signatures.)

M. Ad. Guéroult fit suivre cette déclaration de la note que voici :

Nous sommes bien fâché de le dire aux signataires de cette déclaration (dont, par parenthèse, les signatures sont absentes), mais il n'y a rien au-dessus de la discussion, pas même la République. Si la République est le gouvernement du peuple par le peuple, le peuple, c'est-à-dire le suffrage universel, saura bien dire s'il en veut, oui ou non, et si MM. les signataires, qui ne signent pas, et qui ne sont qu'une infime minorité, voulaient imposer à la majorité du peuple des institutions qu'ils auraient déclarées de droit divin, ils seraient coupables, et vis-à-vis de leurs concitoyens qui se verraient, à leur grand regret, obligés de leur administrer une sévère correction, et vis-à-vis des institutions républicaines, qu'ils auraient compromises par leurs doctrines insensées et leurs coupables prétentions. — Ad. Guéroult.

Sous le coup des plus tristes appréhensions, j'écrivis à M. Guéroult cette lettre :

Monsieur,

Vous commettez toutes sortes d'erreurs dans votre note aux chefs de bataillons :

— Vous dites : La République n'est pas au-dessus de la discussion.

Qui a dit le contraire? *Rien* n'est au-dessus de la *discussion.*

Mais la République est au-dessus de la *décision.*

Vous avez le droit, vous, monsieur, de vous déclarer personnellement le sujet ou le serviteur de tel ou tel homme.

Vous n'avez pas le droit de décider que vos enfants, nés ou à naître, seront les sujets ou les serviteurs de cet homme ou de ses descendants.

— La République n'est pas de droit divin; laissez cette plaisanterie à M. Javal.

La République est de droit naturel et universel.

La monarchie n'est que de droit personnel.

Quant à la correction dont vous menacez vos adversaires, si c'est là un de vos moyens de discussion, non-seulement vous prêchez la guerre civile, mais vous n'êtes plus qu'un disciple de M. de Bismarck. Et quand vous seriez les plus forts, cela ne démontrerait ni votre droit, ni votre raison.

Les 7,500,000 *oui* étaient les plus forts et les plus nombreux. Après ?

Un écrivain qui fait appel à la force est jugé.

La force est *ici* aujourd'hui, elle est *là* demain.

Le droit, la raison, la justice planent immuables sur l'humanité.

Avant quelques années, la Prusse verra qu'elle a eu tort de l'oublier, comme les Napoléon l'ont vu, comme les générations qui l'oublient sont, tôt ou tard, destinées à le voir.

Veuillez agréer, etc.

Un de vos lecteurs, très-convaincu que vous ne répondrez pas.

M. Guéroult inséra le lendemain une note dans laquelle il promettait de répondre si l'auteur voulait se faire connaître.

Le soir même, j'écrivis à M. Guéroult : Je ne recule point devant la discussion, à la condition qu'elle sera complète, que j'aurai la réplique, et que les débats ne seront pas déclarés clos à l'heure et à la volonté du directeur de l'*Opinion nationale*, et je signai : PAJOT.

Le lendemain samedi, 18, M. Guéroult insérait ma lettre et la réponse que voici :

Il résulte de cette lettre que :

La République est au-dessus, sinon de la discussion, au moins de la décision ;

Que les parents n'ont pas le droit de décider pour leurs enfants ;

Que la République est de droit naturel ;

Qu'il n'est pas permis d'employer la force contre les minorités factieuses.

Voyons un peu.

Pourquoi ne prendrait-on pas de décision relativement à la République ? Il a bien fallu en prendre une pour l'établir. Est-ce que le droit de décider *pour* n'implique pas le droit de décider *contre* ?

Une génération ne peut pas engager la génération qui la suit. Hélas! nous ne faisons pas autre chose. Nous allons emprunter cinq milliards; est-ce qu'il ne faudra pas que nos enfants en servent les intérêts? Dans les familles, est-ce que les pères n'engagent pas les enfants? Est-ce que le père ne décide pas de la religion, de l'éducation, de la nationalité même de ses enfants, sauf aux enfants, lorsqu'ils arrivent à l'âge d'homme, à modifier l'œuvre paternelle?

La République est de droit naturel, sans doute, pour ceux qui en veulent; mais ceux qui n'en veulent pas?

Que veut dire ce mot: « La République est de droit naturel »? Si la République seule est le gouvernement naturel, comment se fait-il qu'elle n'existe pas partout? Si elle est de droit naturel, absolu, et qu'une nation n'en veuille pas, cela veut-il dire que les adhérents de la République, fussent-ils en minorité, auraient le droit de contraindre la nation tout entière?

Enfin, est-il vrai qu'il ne soit jamais permis de faire appel à la force, même au profit du droit? Alors il sera permis aux plus infimes minorités de refuser l'obéissance aux gouvernements institués par les majorités les plus nombreuses.

Alors c'est l'anarchie, c'est le gâchis idéal, tel qu'on ne l'avait jamais rêvé dans le monde.

Si ces doctrines devaient prévaloir, ce serait cent fois plus lamentable que l'invasion prussienne, car ce serait à la fois la déroute du bon sens, le naufrage de la raison et la fin de la nationalité française.

Nous regrettons qu'un esprit distingué, chargé d'enseigner la jeunesse, ait pu se laisser entamer par la maladie de l'époque au point de donner son assentiment à de pareilles insanités.

Ad. Guéroult.

Le samedi soir, 18, j'adressai à M. Guéroult, qui dut la recevoir le dimanche, la réponse ci-jointe :

Monsieur,

La réponse que vous m'avez fait l'honneur d'adresser à ma lettre contient, à la fois, quelques confusions, un certain nombre d'équivoques involontaires, le tout relevé par un grain de personnalité ! Cela ne dépasse donc pas le menu ordinaire des discussions.

M. GUÉROULT. — Pourquoi ne prendrait-on pas de décisions relativement à la République ? Il a bien fallu en prendre une pour l'établir. Est-ce que le droit de décider *pour* n'implique pas le droit de décider *contre*.

M. PAJOT.—*Première confusion.*—Vous confondez, Monsieur, le principe et le fait. Je n'ai pas dit qu'on ne pouvait pas prendre de décisions à l'égard de la République.

J'ai dit qu'elle était au-dessus de la décision. Décidez *pour* ou *contre*, comme vous voudrez. Cela ne l'atteindra pas plus que si demain, la majorité décidait ceci :

La ligne droite n'est pas le court chemin d'un point à un autre. La République est un droit humain, qui correspond à la fois à la plus grande infirmité et au plus noble privilége de l'homme : la possibilité de commettre une erreur et le pouvoir de la réparer.

Un monarchiste, avec le suffrage universel, est un individu qui, de la meilleure foi du monde, décrète sa propre infaillibilité.

Le Pape, lui au moins, a la pudeur de faire décréter la sienne par un concile.

L'électeur monarchiste se dit: Voilà un homme, un roi qui, à tout jamais, fera, et ses descendants aussi, le bonheur de mon pays et le mien.

Je ne puis pas me tromper, car si je me trompais, je ne le nommerais pas, attendu qu'une fois au pouvoir, si le roi me prouvait mon erreur par ses actes, il me convaincrait mieux encore de mon infaillibilité par ses casse-têtes.

L'électeur républicain est plus modeste, il se sait homme et sujet à l'erreur. S'il s'est trompé, il fera mieux une autre fois. Il n'a pas enchaîné l'aven

La République est encore au-dessus de la décision en principe, parce que cette forme seule peut donner à l'homme la plus grande somme de liberté possible dans l'ordre social.

La liberté, sous le meilleur des rois (s'il y en a de bons), est encore *au-dessous* de la liberté du domestique.

Le domestique peut changer de maître quand il le veut, et c'est le maître qui le paie pourtant.

Le sujet d'un roi paie son maître au contraire, et il ne peut pas le changer, sous peine de la vie.

Il résulte de tout ceci que, en principe :

La République est la forme politique essentiellement inhérente à l'humanité, parce que cette forme porte en elle le remède à l'infirmité naturelle commune à tous les hommes,

LA FAILLIBILITÉ.

La monarchie héréditaire est, par contre, une forme erronée et se traduit par des révolutions, parce qu'elle affirme dans l'homme une faculté, non-seulement qu'il ne possède pas, mais en contradiction flagrante avec la nature humaine,

L'INFAILLIBILITÉ.

On peut, aveuglé par l'éducation, l'ignorance, la passion, les préjugés, la peur, les intérêts, ne pas apercevoir cette vérité ; mais, l'ayant vue, on ne peut plus la nier. C'est en ce sens que la République est comme le soleil.

Et comme on déciderait en vain que l'homme est *infaillible*, la forme politique déduite de *l'infaillibilité* est fausse.

La République, à la fois expression et réparation de la *faillibilité* humaine, *est donc au-dessus de toute décision* comme cette *faillibilité* l'est elle-même (1).

(1) Par une erreur de copie, ces conclusions manquent dans la lettre à M. Guéroult.

M. Guéroult. — Une génération ne peut pas engager la généra- tion qui la suit. Hélas ! nous ne faisons pas autre chose.

Nous allons emprunter cinq milliards ; est-ce qu'il ne faudra pas que nos enfants en servent les intérêts ? Dans les familles, est-ce que les pères n'engagent pas les enfants ? Est-ce que le père ne décide pas de la religion, de l'éducation, de la nationalité même de ses enfants, sauf aux enfants, lorsqu'ils arrivent à l'âge d'homme, à modifier l'œuvre paternelle ?

M. Pajot. — Confusion et équivoque (1).

Votre hélas ! est déjà un aveu. Vous confondez là un vote libre, spontané, avec une obligation imposée par la force. C'est par violence que nous avons la douleur d'engager nos enfants. Ce n'est pas par la force qu'on vote la république ou la monarchie.

Pour la religion, les pères qui engagent leurs enfants ont tort. Si cela se faisait à l'âge de raison, ce serait la plus odieuse des oppressions.

Pour la nationalité, les pères ne sont pas responsables.

Pour l'éducation, ils croient agir dans l'intérêt de l'enfant. Vous objecterez qu'en votant la monarchie, ils ont le même but. Mais voilà l'équivoque. Vous vous condamnez vous-même, en ajoutant, pressé par la fausseté de l'analogie : *Sauf aux enfants, lorsqu'ils arrivent à l'âge d'homme, à modifier l'œuvre paternelle.*

Voulez-vous avoir la bonté de me dire, Monsieur, comment je m'y prendrais pour modifier la monarchie, œuvre paternelle ?

Par une révolution. Je n'en veux plus.

(1) Toujours le fait confondu avec le droit. La question n'est pas de savoir : si vous agissez ainsi, mais *si vous avez le droit* d'agir ainsi.

Confusion du fait avec le principe, confusion du fait avec le droit, équivoques, fausses analogies, conclusions mal déduites d'un principe faux et se trouvant justes parce qu'elles ne descendent pas du principe.

Voilà le vrai gachis idéal ! et voilà le bilan de toute cette argumentation.

Vous voyez, Monsieur, que tout cet échafaudage de raisons ne tient pas.

M. Guéroult. — La République est de droit naturel; sans doute, pour ceux qui en veulent; mais pour ceux qui n'en veulent pas?

M. Pajot. — Si ceux qui n'en veulent pas formaient la majorité, et qu'ils voulussent le Pape ou le roi de Prusse sur le trône de France, accepteriez-vous?

M. Guéroult. — Que veut dire ce mot : «La République est de droit naturel?» Si la République seule est le gouvernement naturel, comment se fait-il qu'elle n'existe pas partout? Si elle est de droit naturel, absolu, et qu'une nation n'en veuille pas, cela veut-il dire que les adhérents de la République, fussent-ils une minorité, auraient le droit de contraindre la nation tout entière?

M. Pajot. — Cela veut dire : Si l'homme est plus qu'un vil bétail, il ne peut pas naître le *sujet* d'un autre homme. Dans l'état social, et comme membre du grand corps social, il ne peut être que le *sujet* de la loi qu'il accepte sous la condition des bénéfices sociaux qu'elle lui garantit.

J'aurais pu ajouter qu'aujourd'hui la République est la forme de gouvernement de *nécessité*, parce que, *avec le suffrage universel*, aucun autre gouvernement ne peut durer.

Il y a, en effet, entre la monarchie et le suffrage universel une antinomie, comme l'on dit dans le langage de l'école, ou, si vous voulez, une contradiction absolue.

Le suffrage et le roi sont deux souverains en présence, dont l'un détruira l'autre un jour.

Donc il faut choisir : Plus de suffrage universel; le peuple est privé de ses droits politiques; le cens est rétabli, la monarchie héréditaire est possible, sauf la révolution en permanence.

Ou bien, maintien du suffrage ; délégation du pouvoir *à temps,* plus de révolution possible. La logique est là, rien ne la fera fléchir.

Comment, alors, la République n'existe-t-elle pas partout ?

Cela est-il sérieux ? Trouvez un coin du globe, avec un état social où ne se soient jamais rencontrés des hommes insatiables de pouvoir, de domination, de richesses, toujours prêts à conquérir ces biens par la ruse, par la force, par la trahison, par le vice ou le crime. Jetez les yeux sur notre passé et notre présent, voyez notre malheureux pays, et répondez vous-même.

Les adhérents, fussent-ils en minorité, auraient-ils le droit de contraindre la nation ?

Je ne méritais pas, Monsieur, en inscrivant sur mon drapeau : *Droit, Raison, Justice,* je ne méritais pas l'injure d'une pareille question.

Les droits de la minorité, c'est *la revendication éternelle de la République, du gouvernement du pays par le pays,* revendication par la parole, la plume, par la science, les arts, les lettres, par l'instruction des masses, enfin par l'association et par l'inscription dans la loi, question encore neuve et brûlante, des incompatibilités sociales fonctionnelles et professionnelles.

Voilà, Monsieur, les vraies forces révolutionnaires, voilà les droits de la minorité, et qui les foule aux pieds commet un crime contre la civilisation.

M. Guéroult. — Enfin, est-il vrai qu'il ne soit jamais permis de faire appel à la force, même au profit du droit ? Alors il sera permis aux plus infimes minorités de refuser l'obéissance aux gouvernements institués par les majorités les plus nombreuses.

Alors c'est l'anarchie, c'est le gâchis idéal, tel qu'on ne l'avait jamais rêvé dans le monde.

Si ces doctrines devaient prévaloir, ce serait cent fois plus lamentable que l'invasion prussienne, car ce serait à la fois la déroute du bon sens, le naufrage de la raison et la fin de la nationalité française.

M. Pajot. — La force au service du droit, mais c'est l'idéal social et politique, Monsieur!

Seulement, prenez garde; on s'abuse aisément sur le droit, on se trompe facilement sur la force. Pas un trône renversé, pas un gouvernement tombé qui n'affirmât sa force et son droit.

Pour moi, dans les questions irritantes surtout (point de départ de cette discussion) le rôle de l'écrivain est plus digne, si ce rôle est conciliateur.

Pas de conciliation avec le crime, soit; mais en politique, les conseils de modération, tant qu'il n'y a pas de criminels, honorent toujours la plume qui les donne et contribuent souvent à prévenir d'irréparables malheurs. C'est mon humble avis.

M. Guéroult. — Nous regrettons qu'un esprit distingué, chargé d'enseigner la jeunesse, ait pu se laisser entamer par la maladie de l'époque au point de donner son assentiment à de pareilles insanités.   Ad. Guéroult.

M. Pajot. — Vous vous trompez une dernière fois, Monsieur, en supposant que je me suis laissé entamer par la maladie de l'époque. En fait de maladie, je ne crois pas vous offenser, en affirmant m'y connaître presque aussi bien que vous.

Il y a trente ans que j'ai contracté cette maladie, il y a trente ans que la jeunesse des écoles me la connaît, et jusqu'ici elle a été assez indulgente pour me pardonner mon incurabilité.

Veuillez être assez bon pour remarquer ceci : Monsieur, bien que pas une de vos objections n'ait pu tenir devant une logique un peu ferme (le public en sera juge), je ne me suis jamais permis de qualifier d'insanités vos opinions contraires aux miennes.

> Veuillez agréer, Monsieur, mes civilités les plus empressées.
>
> PAJOT,
>
> Prof. à l'École de Médecine de Paris.

Les sinistres événements que je redoutais s'étaient accomplis ; cette lettre ne paraissait pas. Vers le milieu de la semaine qui suivit notre correspondance, M. Guéroult, imprima une note pour annoncer l'insertion prochaine de la lettre et sa réfutation. La lettre n'avait point paru le samedi 25.

Je ne veux pas rester sous le coup d'une argumentation, si facile a réfuter, c'est pourquoi j'ai publié cette réponse.

Mais depuis lors, la thèse invincible que je soutiens a été attaquée de plus haut, tout aussi vainement, par de gros mots plus que par des raisons. Voici quelle sera ma réponse à cette dernière attaque.

Les rhéteurs, sans principes politiques, toujours prêts à commettre aujourd'hui les actes qu'ils ont flétris la veille, sont trop ignorants de l'homme physique et physiologique pour établir jamais sur des connaissances scientifiques les inébranlables bases politiques et sociales.

Les rhéteurs ayant toujours d'ailleurs assez de crédulité, conséquence de l'ignorance des sciences naturelles, pour accepter les superstitions des mythologies de l'avenir, passent leur vie entière à invoquer le droit quand il les sert, et à combattre le fait ou s'incliner devant lui, s'ils en profitent.

Chez ces hommes lettrés, accoutumés de longtemps à plaider le juste et l'injuste, le faux et le vrai, les notions se troublent à la longue. La justice et la vérité, qui sont *l'immuable*, abandonnent ces cerveaux éminents, mais ébranlés par l'élaboration incessante de thèses contradictoires. Dans ces intelligences, dont le labeur a consisté trente ans, à faire du fripon un honnête homme; du coquin, un citoyen charmant; de la captation, un fait religieux et moral, et du faux un péché véniel, la netteté des vues droites et justes se perd.

Pour eux, un esprit inflexible dans ses axiomes et dans ses déductions est une sorte de phénomène moral inattendu. C'est presque une monstruosité.

Comment! voilà des hommes dont l'audace va jusqu'à affirmer la République comme l'expression d'un principe au-dessus de la décision de l'univers entier. Ils prétendent prouver cette étrange assertion jusqu'à l'évidence, en s'appuyant sur la nature même de l'homme; ils osent soutenir la *faillibilité* de cet animal raisonnable et muni d'une âme.

Ils vont jusqu'à prétendre que si la force prime le droit aujourd'hui, cette situation ne détruit pas le droit.

Ils ont l'extravagance d'être certains que l'instruction, l'éducation, les lois démocratiques, l'association, etc., sont les vraies forces révolutionnaires et les droits des minorités, poussant l'insanité jusqu'à déclarer ces lois inviolables. Ils insistent et ajoutent que le nombre, décrétant la monarchie, n'empêcherait pas la République, *c'est-à-dire le pouvoir délégué à temps,* d'être *le droit et l'essence même de l'humanité,* le nombre n'étant qu'une forme de la force.

Ces hommes audacieux, ne redoutant pas d'affirmer par ce principe la *faillibilité humaine,* ne peuvent être qu'athées, individualistes, matérialistes éhontés, positivistes sans pudeur, un peu plus, on les accuserait de la défense nationale.

Voilà pourtant jusqu'où sont entraînées des intelligences

cultivées par les lettres (1), traitant des choses humaines sans connaître l'homme, et réalisant ce paradoxe extravagant, qu'on raisonne d'autant mieux sur le fonctionnement d'une horloge, qu'on en ignore davantage le mécanisme.

O rhéteurs, artistes en phrases creuses et déclamatoires, habiles ciseleurs de périodes sonores, assemblage dangereux de puissance pulmonaire et de faiblesse cérébrale, ô rhéteurs, malgré vos bonnes intentions, que de mal vous avez fait, et que de mal vous ferez encore à la France!

Prof. Pajot.

(1) Quel étonnement pour ces hommes, s'ils pénétraient par une étude longue et patiente au fond de ces doctrines affranchies de tout surnaturel. Ils n'en savent, hélas! que les noms, spectres rouges de la philosophie, et les jugent avec la foule. La chimie, la physique, la physiologie, les mathématiques, les vraies sciences enfin, ont à tout jamais rejeté le surnaturalisme. La sociologie et sa base, la morale humaine, marchent lentement au même but à travers mille obstacles. Quel étonnement pour ces hommes s'ils apercevaient tout à coup chez ces savants, ces matérialistes, ces positivistes, un amour immense de l'humanité! Quelle stupéfaction, quel éblouissement ils éprouveraient devant la démonstration irréfutable d'une morale plus pure que la leur, morale née du sein même de ces doctrines positives dont, pour eux, le nom seul est une injure!

C'est la morale *humaine* avec sa sanction par la conscience, c'est le livre des devoirs et des droits.

C'est la morale *sociale.*

La morale sociale, amalgamée de force à la Bible, au Coran, à l'Évangile, à tous les codes révélés, comme un ciment indestructible, seul soutien d'édifices destinés à périr dans le temps, parce qu'ils ont été bâtis sur l'ignorance et la crédulité humaines.

La morale sociale, immuable, impérissable comme le droit, datant comme lui des deux premiers hommes et ne mourant, en fait, qu'avec les deux derniers, s'il y a des derniers.

Mais ces vérités commencent à peine à poindre dans quelques esprits de notre temps, et n'est-ce pas toujours un crime d'avoir raison trop tôt?

Longtemps encore les positivistes seront des monstres capables de placer les principes naturels au-dessus de toutes les décisions.

A. Parent, imprimeur de la Faculté de Médecine, rue Mr le Prince, 31.